第二次鸦片战争

◎ 主编 金开诚

◎ 编著 李玉敏

吉林出版集团有限责任公司

吉林文史出版社

图书在版编目（CIP）数据

第二次鸦片战争 / 李玉敏编著. —长春：
吉林出版集团有限责任公司，2011.4（2023.4重印）
ISBN 978-7-5463-5030-1

Ⅰ. ①第… Ⅱ. ①李… Ⅲ. ①第二次鸦片战争
（1856～1860）－史料 Ⅳ. ①K255.06

中国版本图书馆CIP数据核字（2011）第053463号

第二次鸦片战争

DIERCI YAPIAN ZHANZHENG

主编/金开诚　编著/李玉敏

项目负责/崔博华　责任编辑/崔博华　邱　荷

责任校对/邱　荷　装帧设计/李岩冰　张　洋

出版发行/吉林出版集团有限责任公司　吉林文史出版社

地址/长春市福祉大路5788号　邮编/130000

印刷/天津市天玺印务有限公司

版次/2011年4月第1版　印次/2023年4月第5次印刷

开本/660mm×915mm　1/16

印张/9　字数/30千

书号/ISBN 978-7-5463-5030-1

定价/34.80元

前 言

　　文化是一种社会现象，是人类物质文明和精神文明有机融合的产物；同时又是一种历史现象，是社会的历史沉积。当今世界，随着经济全球化进程的加快，人们也越来越重视本民族的文化。我们只有加强对本民族文化的继承和创新，才能更好地弘扬民族精神，增强民族凝聚力。历史经验告诉我们，任何一个民族要想屹立于世界民族之林，必须具有自尊、自信、自强的民族意识。文化是维系一个民族生存和发展的强大动力。一个民族的存在依赖文化，文化的解体就是一个民族的消亡。

　　随着我国综合国力的日益强大，广大民众对重塑民族自尊心和自豪感的愿望日益迫切。作为民族大家庭中的一员，将源远流长、博大精深的中国文化继承并传播给广大群众，特别是青年一代，是我们出版人义不容辞的责任。

　　本套丛书是由吉林文史出版社和吉林出版集团有限责任公司组织国内知名专家学者编写的一套旨在传播中华五千年优秀传统文化，提高全民文化修养的大型知识读本。该书在深入挖掘和整理中华优秀传统文化成果的同时，结合社会发展，注入了时代精神。书中优美生动的文字、简明通俗的语言、图文并茂的形式，把中国文化中的物态文化、制度文化、行为文化、精神文化等知识要点全面展示给读者。点点滴滴的文化知识仿佛颗颗繁星，组成了灿烂辉煌的中国文化的天穹。

　　希望本书能为弘扬中华五千年优秀传统文化、增强各民族团结、构建社会主义和谐社会尽一份绵薄之力，也坚信我们的中华民族一定能够早日实现伟大复兴！

目录

一、经济迅增与西方资本主义列强的扩张

1856年，正当太平天国革命风暴席卷长江两岸、清朝封建统治岌岌可危之际，西方资本主义强国——英国、法国在美国、沙俄支持下，联合发动了一场长达四年的侵华战争。这次战争旨在强化和扩大其在第一次鸦片战争后已经攫取的政治、经济、宗教和文化等权益，并使鸦片贸易合法化，其实质是鸦片战争的继续和扩大，因此将这次战争称为第二次鸦片

战争。其间，英、法两国公开对华使用武力，美、俄两国则对其积极支持，通过充当"调解人"而渔利。此次战争最终以中国的失败而告终。英、法、美、俄各国都通过签订不平等条约，使之在中国的权益进一步扩大。中国则随着更多主权和权益的丧失，而在半殖民地半封建社会的泥潭里进一步深陷。英、法等国侵略者继第一次鸦片战争之后，再度发动的新一轮侵华战争，是欧美资本主义进一步发展的必然产物。第一次鸦片战争在英国历史书中称为"通商战争"，称其本来只想和中国平等通商做生意，但中国不答应，才逼得他们动武。中国打不赢，只得接受英国的条件，被迫打开国门。第一次鸦片战争结束后，签订了一系列有利于西方国家的条约，西方资产阶级本以为中国一旦开放，他们工业革命后生产出来的产品便会获得全世界最大的消费市场，"一想到和三万万或四万万人开放贸易，大家好像全都发了疯似的"。但悠久的中国

议约场景复原

南京是清代两江总督府所在地,东南部的政治、经济中心,也是军事重镇。1842年8月英军兵临南京城下,胁迫清政府于8月12、13、14和24日在静海寺就《南京条约》进行谈判。此大殿正建于议约原址—古静海寺东配殿遗址之上,特将议约场景部分复原,以示长远警示。

Restoration of the Site for Negotiating the Treaty of Nanjing

In August 1842, the British army approached Nanjing and force the Qing government to negotiate the Treaty of Nanjing in Jing Hai Temple on the 12th, 13th, 14th and 24th of August. The hall was rebuilt on the original site of the eastern wing of the ancient Jing Hai Temple. The scene of negotiation is partly restored just to warm the people of the past.

自给自足的自然经济、男耕女织的小农家庭有强大的排斥外来商品的力量,西方的商品难以立即倾销。与此同时,西方国家包括沙俄的经济则在迅速发展,需要继续扩大商品市场和原料产地,而中国这一广阔的潜在的市场仍然是他们觊觎的目标,加之清王朝在战争中所呈现的衰败,使沙俄看到有可乘之机,伴随其农奴制危机的发生及资本主义的发展,有侵略扩张野心的沙俄开始垂涎中国的领土。

(一) 英、法、美扩张愿望的增长

在1842年鸦片战争结束后,英、法、美与中国签订《南京条约》与《黄埔条约》《望厦条约》,从中国割走了香港岛,并攫取了开埠通商、领事裁判、设立租界、协定关税等特权,西方资本主义列强由此相继侵入中国,但是他们不满足已经取得的特权和利益。尤其在十九世纪四五十年代,是世界自由资本主义迅速发展的时代。1848年加利福尼亚金矿和1851年澳大利亚金矿的先后发现,殖民地市场的不断扩大,使欧美资本主义国家出现了新的工业高潮。扩大市场成为此时欧美资本主义国家更加迫切的需求,扩大各自在中国的侵略权益成为资本主义列强此时极为强

烈的愿望。

十九世纪四五十年代，英国的工业革命已经完成，进入到主要依靠机器生产和以机器生产机器的时期，成为全世界的工业中心，其工业生产在世界上居于垄断地位。1855年英国的煤、铁生产量和棉花消费量在全世界占据重要比重，美德法俄四国的这三项总和分别只有英国的百分之四十六点九、百分之六十八点一和百分之七十四点五。工业革命的完成使其生产力水平激增，其对外贸易也大幅度增长，对外贸易额在世界上首屈一指。伴随这种发展，英国必须不断扩大海外市场与原料供应地，以确保维系其生产能力。在第一次鸦片战争后，英国资产阶级为开辟了一个拥有四亿人口的广阔市场兴奋得发狂，以为能大量销售其产品，获得高额利润。英国在香港所办的《中国邮报》甚至发表社论渲染："只要中国人每年用一顶棉织睡帽，不必更多，英格兰现在的工厂就已经供应不上了。"但鸦片战争后，由于中国自给自足的自然经济占统治地位，对外国商品具有自然抵制性，加之英国输华商品有不少根本不符合中国人的习惯和要求，而且英国等国大量输入鸦片，使中国出口收入大半被抵消，无力购买英国的工业品，结果，英国棉纺织品和其他工业品在中国销售量有限。英国资产阶级把他们的商品在中国滞销的原因归罪于中国开放的口岸太少，以及他们享受的特权有限。因此，极力想要扩大其在中国的权益，力图在此种对外扩张中谋求出路。

法国的工业革命虽然迟于英国，规模也远远落后，但自19世纪40年代下半期开始，伴随其向工业革命最后阶段的过渡，其经

济迅速发展，尤其是对外贸易额在1847年－1856年间增长了百分之一百一十一。此时，是法国七月王朝统治和拿破仑三世建立法兰西第二帝国的时代。前者代表金融贵族集团专政，后者代表金融贵族和工业巨头阶层的利益，都推行对外扩张政策，并利用天主教作为对内统治和对外侵略的工具。19世纪40年代以来，法国发动了一系列对外战争，1841年－1847年继续挑起对阿尔及利亚的战争；1843年－1847年三次对越南进行武装挑衅；1854年－1855年伙同英国对俄宣战，参加克里米亚战争，并在上海公开镇压小刀会起义。因此，对外扩张是此时法国的一贯政策，而后来法国与英国联合进行的对华侵略战争，可说是它对外扩张政策的继续。

美国工业起步较晚，但发展较为迅速，到19世纪40年代，英国人承认美国生产的粗

英国仿古手枪

布在中国市场占据绝对
优势，成为英国的劲敌。
到1860年，美国的棉纺织
品生产位居世界第二位，
仅次于英国。为开拓市
场，美国也推行对外扩张
政策。1846年，根据英国
的协议瓜分俄勒冈；1846
年—1848年挑起对墨西哥
的战争，夺取了格兰得河
以北的大片土地，其面积
超过法、德两国版图之和；

1847年—1853年觊觎琉球和台湾；1853
年—1854年，又用武力胁迫日本放弃闭关
政策，向西方资本主义各国开放。此时，
美国对打开中国市场也抱有极大的野心。
美国总统斐尔摩在1851年12月2日致国会
的咨文称："我们对华的商务万分重要。而
且，由于我们太平洋沿岸海口与东亚交通
增进的结果，这商务的重要性更日益增加

了。"1854年，美国驻华委员麦莲讲得更清楚，他说："只有（要）整个内地都开放，中国就会成为美国工业产品最有价值的市场。其价值大于美国现时所有进入的全世界一切市场之总和。"

可以看到，在1846年－1856年间，欧美资本主义各国工业的迅速发展需要有广阔的新市场与之相适应。但实际情况却是，本国市场有限，即使再扩大，扩大速度也远远不能满足其工业迅速发展的要求。因此，进一步掠夺殖民地以扩大国外市场，已经成为欧美资本主义列强共同的强烈愿望。

（二）农奴制危机和资本主义发展中的沙俄扩张野心的剧增

俄国与清王朝之间，自《尼布楚条约》签订到鸦片战争爆发的150年间，基本保持着和平稳定的局面，但是自彼得大帝以来的历代沙皇却从来没有放弃过侵吞我国东北和西北边陲领土的野心，也从来不曾放松过对我国的经济、宗教侵略。以19世纪初至20、30年代为例，沙俄侵略者的足迹就曾闯进库页岛南端、斋桑湖以东、巴尔喀什湖以东以南，以及特穆尔图淖尔（伊塞克湖）一带，或筑垒、或索取赋税、或进行测绘，并唆使俄商冒充中亚商人潜入塔尔克巴哈台（塔城）、伊犁和喀噶尔（喀什）等地牟利、刺探情报。从19世纪30年代起，沙俄更是开始通过中亚向我国输入鸦片。而在鸦片战争以后，曾经有过"康雍乾盛世"的清王朝辉煌不再，且其衰败的态势也在战争中充分暴露，这对不安于现状的沙俄而言是一个绝好的时机，使之不曾真正消除的侵略中国领土的野心逐渐膨胀。

同时，沙俄自身发展中的矛盾也促使其要加紧实行对外扩张的战略。一方面，农奴制危机严重，人民反封建斗争和非俄罗斯民族地区的反抗斗争此起彼伏。1826年—1854年间，就爆发了709次农民起义，平均每年在24次以上。为寻求化解危机的途径以维护贵族农奴主的统治，沙俄政府在极力镇压人民反抗的同时，也力图通过发动对外战争，分散和缓解国内的危机。另一方面，19世纪30年代起沙俄资本主义有了较快的发展，需要更为广阔的市场和原料产地。1845年—1857年间，沙俄的工业生产水平虽然远远低于英、美、德、法

等国，但与其自身的发展相比较，可以发现，沙俄机器制造业发展速度很快，在短短十几年间增长二十倍以上。随着手工劳动向机器生产的加紧过渡，资本主义所受的封建农奴制严重束缚的问题日益凸显，加之在与西方工业先进国家的竞争中，工厂主和商人难以获取更多利润。在这种情况下，除希望沙皇"自上而下"进行改革破解内在的束缚外，也迫切要求沙俄政府开疆拓土，以开辟国外特别是亚洲的市场和原料产地。以上两种矛盾的交织，促使沙皇俄国将侵占中国领土的长期预谋变为直接行动。尼古拉一世趁机大大加快了侵华的步伐，一面把夺取黑龙江流域作为远东扩张计划的重点，一面建立新西伯利亚堡垒线，以图鲸吞整个巴尔喀什湖以东以南的我国领土，与此同时，又逼清政府签订《伊犁塔尔巴哈台通商章程》，扩大经济侵略。

二、提出"修约"要求

　　在欧美资本主义国家积极寻求进一步扩张殖民地的过程中，英、法、美各国越来越不满足于第一次鸦片战争中从中国掠夺到的权益。资本家的生意没做开，就把原因归结为中国开放的口岸还不够，他们在中国享受的特权还太少，于是要求在《南京条约》的基础上签订新的不平等条约。列强积极寻求时机以再次发动战争。恰在此时，中国爆发了太平天国农民起义。在1851年后，清政府开始忙于在长江中下游与太平军作战，对于外国的侵略实行消极避让、以和为主的方针。针对这种情况，列强各国认为这是加紧侵略中国的大好时机，开始加紧侵犯中国主权并进行经济掠夺。

（一）"修约"要求的提出

所谓"修约"，就是要求修改《南京条约》《黄埔条约》和《望厦条约》，增加

新的条款。在《黄埔条约》和
《望厦条约》中首先规定"和
约一经议定，两国各自遵守，
不得轻有更改"。这两个条约
还曾分别规定，日后如要对某
些条款进行修改，应"俟十二
年之后"。

并且明确规定，这种修改只是
由于各口岸情形不一，"所有贸易及海面
各款，不无稍有变通之处"。十分明显，
修改仅限于具体执行过程中的一些枝节
性问题。但是，欧美各国所提出的"修
约"则远不止于此。

1.1854年第一次修约

1853年，英国外相克拉兰敦给驻华
公使文翰发出训令，要求文翰为1854年
的修约作准备，并指示包令要力争达到
如下目标：中国沿海及内地全部开放，至
少要争取扬子江的自由航行，并进入沿
江两岸直到南京为止的各城以及浙江省
沿海各大城；鸦片贸易合法化；废除外国

进出口货物的内地税或子口税；英国公使正大光明地驻京，至少保证英国政府代表与中国政要间公文来往的畅通无阻和英国政府代表与所在地省份的中国巡抚之间的随时会晤。同时，法、美两国也分别要求修改条约。美国公使提出：要求在长江流域及其支流的任何口岸城市及港湾进行贸易，美国人可以进入中国内地任何地区进行贸易、传教和居住，并取得租赁、建筑的自由。法国公使除提出上述类似要求外，还要求释放非法潜入陕西从事间谍活动而被捕的法国传教士。可见，所谓的"修约"，绝不仅是对某些条款"稍有变通"，实质是要签订一个比《南京条约》更具掠夺性和奴役性的不平等条约。

事实上，在清政府中签订的英《南京条约》及中英《虎门条约》里都没有任何修约的相关条文，但英国援引中英《虎门条约》里所谓的片面最惠国待遇，认定自己可以"一体均沾"，声称必须同样享受12年"修约"的权利。而中英《南京条约》是1842年签订的，那么这就意味着，1854年英国人就可以修约了。英国为了给自己的修约壮大声威，分别向法、美、俄等国发出了相关照会，希望在修约活动中通力合作。法国对此反应比较积极，指示其驻华公使布尔布隆要加强法国在远东的海军力量。美国的反应最初比较谨慎，只是表示总统对英国的建议深表赞许，但是美国政府希望尊重条约规定，随其驻华公使麦莲对太平天国考察的归来，认定太平天国不属于文明世界范畴，于是明确修约之事。此时的沙俄在远东的兵力不足，仅做了一些友善的言辞与笼统的保证。

1854年4月13日，英国新任驻华公使包令给两广总督叶名琛发来

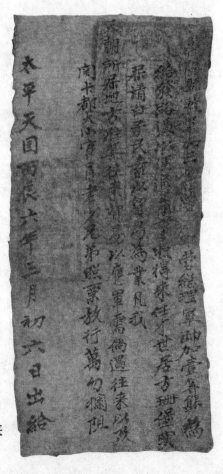

照会，其主要意思包括：我们要修约，中英之间的纠纷得有个说法，我们英国人要进城，而且要让我们与贵衙门、贵总督会晤，否则前往北京上访。最后，还警告说，英国已通知法国和美国了，暗示其修约是英、法、美三国的统一行动。叶名琛虽任两广总督多年，但对国外事情几无所知。他对于英国提出的修约问题避不答复，以此来避免同侵略者发生冲突。对于所谓纠纷的问题，只是说了两句"和好""相安"之类的权作糊弄；对于三国统一行动，没有做出反应。但是对于包令要求的总督衙门会晤，则强烈地反对，说这是万万不行的，不过可以在城外的商馆或者虎门相见。包令再次照会叶名琛：修约很重要，你如果置之不理，那么我会将之视为默认。对此，叶名琛仍是置之不理。之后，包令第三次照会，仍提出在总督衙门会晤。叶名琛当然还是说不。于是，包令带着武装舰队到了上海。叶名琛一听说包令北上了，马上向咸丰皇帝汇报。

6月，英、美代表到达上海，向两江总督怡良提出"修约"要求。6月21日，麦莲通过苏松太道吴健彰做了诸多工作终于见到了怡良。麦莲采用利诱威胁双管齐下的手段，指出：一方面，现在江路不通，商业亏本，建议中国开放扬子江流域的贸易，如果怡良不肯代奏，那么他就亲自上访；另一方面，美国的修约也快到期了，

如果两江总督做不了主，请清政府派一位钦差大臣来谈；同时声称：如果能答应这些条件，他们会帮助清政府来镇压太平天国，否则就会奏明本国，自行设法办理，并扬言要赴天津进行交涉。怡良不敢

轻易答应，回答麦莲等人的是：原来的条约还是要遵守的，你们现在所说的情况不符合旧约，无法上奏；直隶总督不管夷务，所以你们即使到了天津也没用；条约内规定的修约仅仅是酌量变通而不是有这样大的更改；各国通商事宜一向两广总督专办，要他们仍回广州进行协商。第二天，麦莲交出照会意见，除了重申昨天的意思，又提出，希望中国内地全部对外开放。并且担保说，如果清政府同意的话，那么他们可以考虑帮助镇压太平军。但怡良还是想把外国人踢回广东，他向皇帝汇报说：美国人看起来比较老实，想帮咱们镇压太平军，但是没法相信啊。我看还是让他们回广东，让叶名琛办吧。面对这种情况，包令开始加紧行动，要么要求见两江总督怡良，要么要求见江苏巡抚吉尔杭阿，否则就上天津北京上访。最终，被缠得没有办法的吉尔杭阿对他们作出保证：叶钦差已接奉上谕，专办你们的建议。于是1854年8月初麦莲与包令离沪南下，但同时声明：如果不行还要回来。

对于英、美要求修约的情况，江苏巡抚吉尔杭阿向咸丰汇报。咸丰帝得悉这一情况后，谕令叶名琛要对他们设法开导，坚决遵守已经签订的条约，绝不能容许凭借十二年变通的说法，让他们再有什么新的图谋。

麦莲、包令回到广东后，马上派代表给叶名琛送照会，提出修约之事。法国公

使布尔布隆跟在英、美之后，也发出了类似的照会。英国的照会里特别注明：希望先在广州城内或者香港与叶名琛见面，然后再谈修约之事。广州城内，叶名琛是绝不会容许外国公使进入的。至于香港，叶名琛也是不愿意去的。他指定了两处：珠海炮台或者广州城外的英国军舰上。

但是他预先声明：他只按旧条约来，如果稍有更易，他就不当家了，得跟皇帝打报告。包令在看了他的回复后很失望，和其他公使一商量，决定直接跟北京的清政府打交道。于是一行人带领五艘军舰北上。9月期间，他们到达上海，并且表示要去天津。吉尔杭阿一

看他们不是唬人的，马上阻拦，但是当然拦不住。10月份，一行人开到了大沽口。

至此，双方展开了一场谈判。咸丰派长芦盐政文谦、天津镇总兵双锐等低级官吏参与会谈。为了显示威风，英、美公使也没露面，仅派伯驾与麦华陀出面。开始，英、法、美提出要把三国公使到达白河口的事告知清朝皇帝，并想专程上京，并请清朝皇帝钦派全权大臣在京会谈。之后，咸丰帝加派前长芦盐政崇纶到大沽，专门负责谈判事务，并指示在谈判时不得稍许退让。麦莲与包令在听说来了专使后，于1854年11月3日，双方见面。英美公使各自亮出了自己的修约条款，也就是先前提出的一些要求。其中，英国十八条，美国十一条，法国代表虽没有递清单，但英美获得的，就是它获得的，不递也无妨。在英、美提出的修约条款中的第一条就是外国公使驻京，这对于咸丰皇帝来讲是万万不行的。最终从所有条款中挑出三条咸丰认为无关紧要的予以回复，同时告诉这三国公使，让他们回广东去，将他们的修约折子返还给他们。三国使者回到了广东。

2.1856年第二次修约

1854年第一次修约要求遭到拒绝时，英、法正深陷在克里米亚战争中，无法抽出更多兵力发动另一场战争，因此，英、法列强没有因此次修约而兴师动众。于是美国随之出面充当主角，掀起了第二次修约的浪潮。事实上，美国对这次"修约"讹诈活动做了充分准备，其积极向外扩张，采取与英、法勾结侵略中国

的政策。早在1855年，美国政府改派传教士出身的"中国通"伯驾为驻华公使。抵达中国前，伯驾根据美国政府的指示，前往伦敦和巴黎，分别与英国外交大臣克拉兰敦、法国外交大臣瓦尔斯基举行会谈，共商侵华的具体办法。

1856年，《望厦条约》届满12年。美国在

英、法的支持下，再次提出全面修改条约的要求。此时美国的驻华公使已换成伯驾，而美国给他的训令是：可以用军事示威作为修约的后盾；与英、法两国协同合作；外国公使驻京；无限制扩大与中国的贸易；取消对外国人一切人身自由的限制。1856年1月19日，他照会叶名琛，要求在省衙门会见叶总督，并且递交国书，但叶名琛回复说没有时间。之后，伯驾两次照会都遭到叶的冷遇，只是在第三次照会之后，叶才告诉要将他的意思转达给皇帝，而对到北京的问题则再一次告诉他还是不去为好。麦莲在大沽时就被撵回来，此时再去更没用了。

在这种情况下，伯驾联系三国公使，希望一块儿带军舰前往直隶。但是英法都没有同意，伯驾无奈，只好单独带两艘美国军舰前往直隶。7月15日，他在福州会见了闽浙总督王懿德并递交国书，同样遭到拒绝。8月1日，他到达上海。此时他写信给包令，希望他与法国公使可以马上带海军北上，三军会师于白河口。如果三国公使能亲临北京，那么就会有重要结果。包令的回复是：单独行动而没有一支庞大的海军舰队，中国是不会让步的；明年五六月份，我们三国共同出兵到达天津，修约才可能

成功；关于太平天国，我们不想干涉，只想中立。英、法公使虽然拒绝同行，但他们并不是不想侵略中国，只是认为还不到时机。

在英法公使拒绝同行之际，递给王懿德的国书又给退回来了。按伯驾的脾气，是想跑到白河口跟清政府理论，问题是海军力量不争气，就两艘船，那只蒸汽巡洋舰圣·查辛托还出了意外，不能随他的东方号北上。无奈，他只能在上海给已

革职的吴健彰与他的继任者蓝蔚雯做工作，说：头断了也不能回去跟叶名琛谈了；在天津若不能见皇帝，那太平天国要与我们立约，我就会同意了。但这时，伯驾听说了太平天国发生天京事变，认识到拿与太平天国合作吓唬清政府官员可能不会起作用了，加上此时天气即将转冷，白河

要封冻，于是决定启程南下。

侵略者看到修约仍然没有得逞，开始叫嚷："除非有一个武力示威和强迫，否则是得不到条约的修改或通商以及贸易情况的改善的。"此时，已经持续有3年的克里米亚战争于1856年春结束。而在战争中获胜的英、法，也得以调出较多兵力转向中国，实施其蓄谋已久的扩大在中国侵略权益的计划。同时，俄国在克里米亚战争中虽然因其扩张而挑起战争，但最终却以自己的战败而告结束，争霸近东的企图一时受挫，国内又处在奴隶制崩溃的边缘。为摆脱国内外的困境，不甘

心利益受损的沙俄竭力向远东发展势力，企图利用同中国接壤之便，由内陆向海岸进行扩张，并借助英、法侵华

的战火，趁火打劫，鲸吞中国北方大片领
土，用侵略中国来弥补损失。为此，沙俄
"不计前嫌"，转而支持英、法联合发动
新的侵华战争。

此时，需要的只是一个借口了。

（二）"亚罗号"事件与马神甫事件

为诉诸武力，强迫清政府就范，法
国、英国相继寻找借口，蓄意
制造了所谓的马神甫事件和
"亚罗号"事件。

1856年10月8日，广东水师
千总梁国定率兵检查了停泊在
黄埔港附近的一艘名叫"亚罗
号"的走私船只，逮捕了船上
的两名海盗和十名涉嫌走私的
中国水手。本来中国官兵缉拿
中国嫌疑犯是一件很正常的
事情，但由于"亚罗号"身份特

殊，使事情复杂起来。

"亚罗号"是一艘中国船，曾为走私方便在香港英国当局注册，领取了一张为期一年的执照，但此时已经过期。广东水师的检查行为纯属中国内政，与英国毫不相干。英国驻华公使、香港总督包令也承认，对这艘船在"法律上不能予以保护"，但他遵照英国政府"决不让步，决不放过一件小事"的指示，同意并支持英国驻广州代理领事巴夏礼致函清政府的两广总督叶名琛，称"亚罗号"是英国船，捏造中国兵勇曾侮辱悬挂在船上的英国国旗，要求送还被捕者，并赔礼道歉。同时，威胁叶名琛在48小时内给予答复，否则，英国海军将采取军事行动。叶名琛起初据理力争，驳斥说："到艇捉拿嫌犯的时候，那艘船上并没有旗号，这已经是证明了的事情，扯落旗帜从何谈起呢？"但是，侵略者咄咄逼人，10月21日，巴夏礼向叶名琛发出通牒：限期24小时之内接受英方全部要求。叶名琛害怕事态扩大，立即答复说：以后会尊重条约与英国国旗；捉拿的水手可以放回。10月22日，距离最后期限还有一个小时的时候，叶名琛将被捕的十二名水手全都送回到英领事馆。叶名琛的妥协行为，大大助长了英国侵略者的嚣张气

焰。英方本意是在挑衅，所以巴夏礼为进一步扩大事态，百般挑剔，乘势故意刁难，借口礼貌不周或所派官员职位不高，拒绝接受。同时按照他们事先的侵略预谋，命令军舰闯入中国的海口，进攻沿江炮台。

法国为参加侵华战争，也制造了一起所谓的"马神甫事件"（又称"西林教案"）。法国天主教神甫马赖，非法潜入广西西林县行凶作恶三年多，1856年被当地官府处死。当时，法国在远东的力量微弱，仅有大小战舰四艘、海军陆战队六百名，主要侵略的目标是越南。法国为换取英国支持他在越南的"自由行动"，并取得天主教在中国传教不受干涉的保证，从中获得侵略权益，便接受英国的建议，打起"保护圣教"的旗号，派遣葛罗为全权专使，率领一支侵略军，继英军之后来到中国。

（三）美俄加盟到英法武力侵华的队伍中

美国和俄国为达到共同分赃的目的，也分别派遣公使列卫廉和普提雅廷到中国，与英法策划"联合行动"。但此时，美国因为处于南北战争的前夕，国内政局不稳，所以没有直接出兵，而是带着坐收渔人之利的心理加入英、法联合战线。美国政府希望能够实现公使驻京、扩大商业往来范围、减低内地税等，由于现实原因，无法直接动用武力，所以最初宣称

要在非武力范围内解决问题。但同时，又一再强调，如果不能解决问题，则还是要听从美国政府的决定。实际上还是要动用武力。

俄国虽然刚在克里米亚战争中败于英、法，但怀着早已明确的向中国扩张领土的野心，也加入这一阵线之中。事实上，正当英、法、美忙着联合的时候，俄国已经侵占了中国黑龙江及库页岛的诸多战略要地并开始了自己的黑龙江移民计划。而当英法美已经联合起来之后，俄国也急忙派代表来加入其中。

于是，四国形成了侵略中国的联合阵线。

三、英法联军侵占广州

第二次鸦片战争先后持续了近四年时间，历经两个阶段。战争的开端仍是像第一次鸦片战争一样在广东开战，之后英、法联军则在俄、美的帮助之下，一路北上进犯大沽口，直至逼近北京。

（一）英军攻打广州及美国的虚伪"中立"

1856年10月23日，英国海军上将西

马糜各厘率领英国军舰突然闯入虎门海口，进攻珠江沿岸炮台，悍然挑起侵略战争。英军炮轰广州城，并一度攻入内城。对于英军的挑衅，叶名琛不作抵抗。

此时两广总督叶名琛不作准备，反而在校场看乡试马箭，并对手下受惊吓的官员说：没事儿，天一亮他们就自动撤了。并下令，中方的军队和舰船不得还击。与之相反，广东人民和部分爱国清军，目睹侵略者炮轰城市、劫夺船只、焚烧村庄等种种暴行，义愤填膺，他们通过多种形式，机智勇敢地痛击

敌人。12月，广州人民愤怒地烧毁了侵略者盘踞的广州十三行。英军因兵力不足，被迫于1857年1月退出珠江内河，等待援军以扩大侵略战争。

在此过程中，美国一面虚伪地声称保持"中立"，一面出动原停泊在香港的三艘军舰，配合英舰行动。以美国驻香港领事凯南和驻广州领事柏雷为首的侵略者还直接参与暴行。凯南亲自把美国国旗插在广州城墙的缺口上，后来又把这面

多年来，广东省委和东莞市委于"6．26国际禁毒日"在鸦片战争博物馆召开销毁毒品现场会。此为毒品焚销炉。

For many years,the Guangdong Provincial Party Committee and the Dongguan Municipal Party Committee have held on-the-spot meetings of destroying drugs on June 26th,the International Day of Anti-Drug.The place for burning drugs.

旗子带进广州城内，并且还用手枪向中国人群射击。美国海军陆战队官兵还趁火打劫，同英国侵略军一道参加了抢劫行动。柏雷在报告中无耻地供认：当广州城破约半小时后，他发现完全占有该地的英国人，包括军官、士兵以及水手，正在拿走一切为他们所喜爱的东西。在总督衙门里遇见了西马縻各厘上将阁下，"和善"地允许其拿一些东西作为这天事变的纪念品，实质是抢劫的赃物。

（二）英法俄美的四国联合与广州被攻占

英国政府于1857年3月任命前加拿大总督额尔金为全权代表，率领一支海军来中国进行战争讹诈，同时照会法、美、俄三国，提议联合出兵。法国政府任命葛罗为全权代表，率军来华协同英军行动。此时的美国本想通过侵略战争扩大其在华特权，获取更大的利益，但由于国内北方资本主义的发展同南方奴隶制种植园经济的矛盾日益尖锐，国内政局不稳，因此对英国的提议，表示愿意"一致行动"，但不直接出兵。沙俄趁英国挑起新的侵华战争之机，进一步加紧了侵略中国北方领土的罪恶行动，对英国政府的提议，立即"欣然允诺"。沙俄派普提雅廷为驻华公使，以帮助清政府镇压太平军为诱饵，要求清政府割让黑龙江以北乌苏里江以东和中国西部的大片领土。交涉失败后，普提雅廷乘军舰赶赴上海，与英国驻上海领事一起策划所谓的"联合行动"。这样，英、法、美、俄四国基于共

同的侵略利益，暂时结成了对华侵略集团，进一步扩大由英国之前挑起的第二次鸦片战争。

1857年12月，英、法联军五千六百余人（其中法军一千人）在珠江口集结，准备大举进攻。美国公使列卫廉和俄国公使普提雅廷也到达香港，与英、法合谋侵华。此时，清政府正以全力镇压太平天国和捻军起义，对外国侵略者采取"息兵为要"的方针。两广总督叶名琛忠实执行清政府的政策，不事战守，不做应敌的准备，对曾被英国侵略军破坏的虎门要塞几座炮台，他既不派人作任何修整，也不重调水师防守。广东内河水师的战船大部分破损，他也不加添造。同时，不准广州军民抵抗，大批裁撤团练兵勇。在广州人民愤怒焚毁十三洋行商馆之后，他竟下令把所有团练乡勇撤出省城。原陆续聚集在广州四周的三万多兵勇，绝大部分被裁，陆路壮勇原有一万多人，被裁五分之四，所存者不到两千人。广州事实上已成为不设防的城市。

1857年12月12日，额尔金和葛罗分别向叶名琛发出照会，要求入城"修约"，赔偿损失，并限令十日内答复。在此之际，英、法联军舰队已悄悄离开香港，向虎门驶去。由于未受到广东水师的任何阻挡，联军舰队十分顺利地进入珠江内河，兵临广州城下。12月15日，几十艘敌舰在珠江主航道上集结，集中炮火猛轰

与广州城隔江相望的河南地方。随后，英法侵略军海军陆战队登陆，占领该地，为进一步进攻广州城夺得了立足点。20日，联军舰队又进泊广州五仙门外的珠江水面，形势危急，日甚一日。但叶名琛对战守问题仍漠然置之。

27日夜，英法侵略攻城迹象已十分明显。但在这紧急关头，叶名琛却要文武官员赴督署为他祝寿。叶名琛不作战守准备，固然是对外国侵略者的本质和发动战争的野心认识不清，以为敌人不过是"虚张声势"，再有一个重要原因是他愚蠢地迷信所谓神仙的"乩语"。他在城北建有长春仙馆，供奉吕洞宾、李太白二"仙"，一切军务皆取决于神仙。据说，这次的"乩语"告诉他，过了阴历十一月十五日（公历12月30日）便可无事。因此当部将僚属请他准备打仗时，他便颇为自信地说："不要惊慌了，仙乩上已经说十五天后便没事了。"此种状态又怎能逃脱失败的厄运？

12月28日，英法联军炮击广州，并登陆攻城。都统来存、千总邓安邦等率兵顽强抵御，29日失守。侵略军进入广州城后，烧杀抢掠，仅从布政使衙门抢走的白银就达二十二万七千两。广东巡抚柏贵、广州将军穆克德讷投降，并在以巴夏礼为首的"联军委员会"的监督下继续担任

原职，在英法监视下组织了中国近代史上第一个地方傀儡政权。而叶名琛则在1858年1月5日，由巴夏礼率英兵百余人将其捕获，将他掳至观音山，当晚移到船上。数日后押往印度加尔各答，囚于边海的"镇海楼"上。叶名琛自称"海上苏武"，每日吟诗作画，1859年死在那里。时人曾讥讽他："不战不和不守，不死不降不走，相臣度量，疆臣抱负，古之所无，今亦罕有。"

在叶名琛被捕后的第三天，广东的一些高级官员集体上奏说：广州城失陷了，叶总督被抓走了，要咸丰皇帝赶紧再派一个钦差大臣来。在十天前，咸丰还曾经收到叶名琛奏报的胜利消息，而此时却是这种情况，这对于咸丰皇帝不能说

不是一个打击。

侵略军占领广州期间，当地人民进行了不屈不挠的斗争。广州附近义民在佛山镇成立团练局，集合数万人，御侮杀敌。据1858年7月5日香港《中国邮报》报道："广州的局势一天比一天糟糕，每天晚上都有火箭投射到联军的阵地上。城郊充塞着乡勇（志愿兵），大家都认为他们中有很大一部分就在距我们哨兵几百米的地方转来转去。至于城内，即使是几条大街上，甚至在光天化日之下，只要不成群结队地武装外出，那么对外国人来说也很少有安全可言。"香港、澳门爱国同胞也纷纷罢工，以示抗议。

大清國慈禧皇太后

四、大沽口作战与《天津条约》的签订

英、法侵略军侵占广州，除对清朝的财政来源带来影响外，还没有直接威胁到咸丰帝的统治地位。因此，咸丰帝一面命柏贵"相机筹办，以示羁縻"，一面又命黄宗汉为两广总督，仍寄希望在广州就地解决问题。但英、法两国为了实现蓄谋已久的侵略目的，决定乘势北上，最终在大沽口战端再起，随之签订不平等条约。

（一）大沽口之战

英、法、美、俄四国公使经过一番紧张的谋划，立即携带照会北上。1858年2月11日，列强将照会转递清政府。英法照会内容大体相同，主要有外国公使进驻北京、开放新口岸、外国人自由进入内地游历传教、改订关税税率、保护教徒、赔偿军费和广州侨民损失等项。美国照会中表明，它没有参加广州之战，所以没有要求赔偿军费和损失，但其余内容同英

法照会大体相同。俄国的照会是两部分，一部分是公开的，英、法、美都知道其中的内容；另一件则是秘密的，背着英、

法、美三国的使节偷偷塞进公开照会的"附件"中，恶劣地要求清政府割让黑龙江以北和乌苏里江以东广大地区，还无理要求在伊犁地区分明界址，并且暗示这些要求是其他三国同意的。与此同时，四国要清政府于3月底以前派出有权力的钦差大臣到上海进行谈判。他们声称：如果清政府接受所提要求，可从广州撤军，交还广州城；否则，将举兵北上，扩大战争。

咸丰帝得悉四国照会后，并未同意其要求，且分别照会四国，要求英、法、

美三国公使返回广州，与新任两广总督黄宗汉商办；俄国与五口通商素无关系，要求俄使到黑龙江与黑龙江将军奕山交涉。对于咸丰的这种态度，马士曾这样评价："尽管在广州受过打击，尽管太平军的蔓延，尽管中国政府的无能已经被充分证实，可是清廷却没有受到一点儿教训和减少一点儿它的骄气。"咸丰帝的态度使英、法、美、俄四国侵略者大为不满。他们认为天津是北京的门户，又是漕运枢纽，只要能够控制天津就可逼迫清政府屈服。于是决计北上，进犯白河口。事

实上，在照会发出后，四国公使相继离开香港、澳门前往上海，临行前，俄国公使普提雅廷提醒英法两国公使，只有用武力进攻大沽口，清政府才会屈服。而进逼大沽口的最好时间是在四五月间。

1858年4月，四国公使率舰陆续来到大沽口外，当时，英法舰队尚未集中完毕，但额尔金进攻心切，不等舰队完全集中就要率舰闯入海河，进犯天津。葛罗对此提出异议，认为目前兵力不足，主张一面加紧军事准备，一面强烈要求清政府派出全权大臣进行谈判，待战事准备就绪后，再寻机使谈判破裂，然后向大沽和天津大举进攻。葛罗的建议被英、美、俄三国公使采纳。于是，各国公使分别照会清政府，要求指派全权大臣进行谈判。英法照会口气十分强硬，限令六天内必须给予圆满答复，并扬言：如果不能满足所提要求，必定采取断然行动。俄美的照会还表示愿意充当"调停人"。

面对这种形势，咸丰帝一面命令清军在天津、大沽设防，一面派直隶总督谭廷襄为钦差大臣，前往大沽办理交涉。同时，咸丰帝对于英、法、美、俄四国相互勾结合谋侵华这一新的形势认识不足，

仍对美俄的所谓的"调停"抱有幻想，把解决问题的希望寄托在俄美公使的"调停"上，颇费心思地去寻求对策，设法分解拆散四国在外交上

的联合。但结果非但未使英法所获得的侵略权益减少，反而使美俄增加机会，以调停人身份从中渔利。

英法侵略者并无谈判诚意，只是以此拖延时间，加紧军事准备。在一切准备就绪后，5月20日，侵略军突然闯进大沽口，炮轰大沽炮台。驻守炮台的官兵奋起抵抗，与侵略军炮战两小时，由于直隶总督谭廷襄等文武官员毫无斗志，带头逃跑，加以炮台设施陈陋，使得大沽炮台很快失陷。侵略军占据大沽炮台后，直犯天津，26日，侵入天津城郊，并扬言要进攻北京。清政府急忙派遣全权大臣大学士桂良和吏部尚书花沙纳，赶往天津向侵略者求和。

（二）城下之盟：《天津条约》

1858年6月初，谈判开始。俄美公使则扮演

"调停人"的角色, 并利用"调停人"这一身份, 以狡诈的手段, 抢先与中国签订条约, 而英法也随后将其提出的不合理要求以条约的形式确定下来。

1.俄美: 抢先摘果子者

沙皇俄国原是一个欧洲国家。16世纪下半叶开始向东扩张, 到17世纪中叶, 把侵略魔爪伸到了黑龙江流域和贝加尔湖以东地区。1689年, 中俄缔结了第一个边界条约《尼布楚条约》, 规定以格尔必齐河、额尔古纳河和外兴安岭往东至海, 为中俄东段边界。从法律上肯定了黑

龙江和乌苏里江流域，包括库页岛在内的广大地区，都是中国领土。到十九世纪三四十年代，沙俄越过边界，在中国领土上修筑炮台、营垒，建立军人村。鸦片战争后，清政府忙于对付外来殖民者和镇压太平天国革命，造成了北方边疆防备空虚。俄国乘虚而入，加紧蚕食和非法占领黑龙江流域和巴尔喀什湖以南的许多战略要地。十九世纪五十年代至八十年代，正是俄国资本主义迅速发展的时代。这一时期，俄国不断蚕食其周边地区，中国成为其掠夺的主要对象。1850年，俄国侵占了黑龙江下游城镇庙街。1854年至

1856年，又三次派遣舰船，闯入我国黑龙江进行武装挑衅，并强占了海兰泡等地。而且，俄国一直在寻找机会，想用条约的形式把所占领的中国领土固定下来。因此，在第二次鸦片战争时，与英法不同，沙俄选定了一个没有人能与它匹敌的领域——外交领域，表面上充当调停人，采取趁火打劫和外交讹诈的卑鄙手段，趁机侵占了大片中国的领土，成为第二次鸦片战争期间最大的获利者。

1856年，在英法联军进攻广州之时，俄国派普提雅廷为公使，与清政府谈判边界问题。1858年5月22日，即英法侵略军攻占大沽炮台的第三天，沙俄东西伯利亚总督穆拉维约夫，突然率兵直趋瑷珲城，武力要挟重新划定两国边界。最终在5月28日，俄国用武力强

迫黑龙江将军奕山签订了中俄《瑷珲条约》。根据这个条约，俄国强行割占了黑龙江以北、外兴安岭以南的六十多万平方公里的土地，只有江东六十四屯归中国管辖；原属中国的乌苏里江以东约四十万平方公里的土地，改为中俄共管。除此之外，俄国还夺取了黑龙江和乌苏里江的航行权，为自己开辟了黑龙江通往太平洋的通道。恩格斯在揭露沙俄侵华罪行时指出：俄国通过《瑷珲条约》"从中国夺取了一块大小等于法德两国面积的领土和一条同多瑙河一样长的河流"，因此"沙俄不用花费一文钱，不用出动一兵一卒，却能比任何一个参战国得到更多的好处"。

1858年6月13日，俄国与清政府签订中俄《天津条约》12款，除了从前旱路上的划定地点外，沿海路开放七个口岸：上海、宁波、福州、厦门、广州、台湾、琼州。若别国再在沿海增加口岸，准俄国一律照办；同时还攫取了内地传教、领事裁判权和片面最惠国待遇等一系列特权。在中俄《天津条约》第9款还特别规定，两国派员查勘"以前未经定明边界"，"务将边界清理补入此次和约之内"，以便日后解决，从而为沙俄进一步掠夺中国领土埋下了伏笔。此外，在中俄《天津条约》中还规定，要在一年内换约执行。

由于俄国所提的要求中没有公使驻京、长江航行一类清朝统治

者极为敏感的条款，也没有提出在北京换约的问题，因此对于俄国的条约问题，双方签订得很顺利。而在清政府与英法之间的谈判中，英法态度强硬。为此，清政府还向军机处发出谕旨，向俄国公使提出，要其向英法说情。

1858年6月18日，清政府与美国签订了中美《天津条约》三十款。主要内容包括：一是美国表示，中美友好不因小事而起冲突，如果有其他国家对中国不公平，美国愿意协助调处。二是美国遇到紧要的事情，可前往北京，不过一年只准去一次，办完事就走，去时随行人员只准带二十人。三是除广州、潮州、厦门、福州、台湾、宁波、上海与美国通商外，其他国家所开口岸，也任由美国人前往贸易、居住。最后，条约中也规定，一年内互换和约来执行。这样，美国也以调停人的身份攫取了巨额利益。

2.清政府与英法的《天津条约》

在英法提出的各项要求中，最叫咸丰帝感到头痛的是外国公使驻京、增开通商口岸、外国人可入内地游历传教几项。为了维护"天朝"尊严，必须绝对禁止外国人驻京。如果北京出现与自己地位平等、不肯跪拜的"夷人"，则完全失去了"天朝"的尊严，势将大大削弱对国内人民的统治。实行"各口通商""内地游历传教"，则有

可能使外国人同反对清朝统治者的中国人民"勾结"起来，后果将不堪设想。因此咸丰命桂良等一再讨价还价，不肯轻易让步，有时甚至想到在万不得已的情况下，对英法动武。但最终，在英国代表骄横要挟之下，桂良等于1858年6月26日、27日分别与英法订立中英、中法《天津条约》。中英《天津条约》共五十六款，附约一款；中法《天津条约》共四十二款，附约六款。主要内容是：外国公使常驻北京；增开牛庄（后改营口）、登州（后改烟台）、台湾（后定为台南）、淡水、潮州（后改汕头）、琼州、汉口、九江、南京、镇江为通商口岸；外籍传教士得入内地自由传教；外国人可在内地游历、通商；外国商船可在长江各口岸往来；修改税则，减轻商船吨税；对英赔款白银四百万两，对法赔款白银二百万两，等等。

此外，英、法、美、俄四国还与清政府在《天津条约》中商定，于一年之内在北京互换条约批准书。

《天津条约》是《南京条约》的扩大。英、法、美、俄四国逼迫清政府签订的《天津条约》的内容虽不尽相同，但因有享受最惠国待遇条款的规定，因此，四国从中国攫取的侵略权益，实质上是完全相同的。

《天津条约》签订后，英法侵略军达到了自己的目的，从大沽口撤出，清政府受到的武力威胁暂时得到缓和。

五、京师外围战与《北京条约》的签订

《天津条约》的签订"不仅不能巩固和平，反而使战争必然重启"，因为英法侵略者远不满足于已经攫取的权益。声称"条约中有关商务条款不能令人满意"，为向中国勒索更多的特权，极力寻找借口，准备重新发动战争。最终，蓄意利用换约之机再次挑起战争，并极力扩大战争，最终以《北京条约》的签订使第二次鸦片战争得以结束。

（一）换约未成与战端再起

《天津条约》签订一年后，双方要在北京换约。而此时，尽管在《天津条约》签订后，京畿危机暂时得到缓解，但咸丰帝却对条约中的相关条款忧心忡忡。咸丰帝担心外国公使驻京会损害自己的尊严与声威，而且会带来不可预测的肘腋之变，以及因外国人进入内地而引起内忧等。认为"以派员驻京、内江通商及内地游行、赔缴兵费始退还广东省城"等四项内容，"最为中国之害"。因此，清政府宁愿通过免除关税来换取对条约的修订。对条约内容深感忧恐的咸丰帝，令桂良等在上海与英法代表谈判通商章程时，交涉修改《天津条约》，取消公使驻京、内地游历、内江通商等条款，并设法避免英法到北京换约。

1858年11月，桂良等与英、法、美代表分别签订了《通商章程善后条约》，规

定：鸦片贸易合法化；海关对进出口货物照时价值百抽五征税；洋货运销内地，只纳百分之二点五的子口税，免征一切内地税；聘用英国人帮办海关税务。

但是，远不满足从《天津条约》攫取的种种特权的英法两国，不容变更《天津条约》的各项条款，并坚持要在北京换约。

1859年初，英法政府分别任命普鲁斯和布尔布隆为驻华公使。6月，在拒绝桂良提出的在沪换约的建议后，英国公使和美国公使华若翰各率一支舰队到达大沽口外，企图以武力威慑清政府交换《天津条约》批准书。清政府以大沽设防，命直隶总督恒福照会英法公使，指定他们由北塘登陆，经天津去北京换约，随员不得超过20人，并不得携带武器。英法公使断然拒绝清政府的安排，坚持以舰队护送公使经大沽口溯白河进京。

6月24日，他们炸断了白河上两根拦河大铁链，拔毁了河上的铁戗。自1858年英法舰队退走后，清政府即命科尔沁亲王僧格林沁负责。6月25日，英法联军突然向大沽炮台进攻。守卫炮台的爱国将士忍无可忍，奋起自卫还击。在僧格林沁的指挥下，守军英勇抵抗，战斗异常激烈。直隶提督史荣椿、大沽协副将龙汝元身先士卒，先后阵亡。炮台附近的人民冒着枪林弹雨为战士们送饼送面，表现了高度的爱国热情。中国军队在大沽口痛击侵略者，是完全正义的

行动。对此，马克思在论述这次战役时指出："既然《天津条约》中并无条文赋予英国人和法国人可以派遣舰队驶入白河的权利，那么非常明显，破坏条约的不是中国人而是英国人，而且英国人预先就决意要在规定的交换批准书日期以前向中国寻衅了。""中国人抵抗英国人的武装远征队，毫无疑义地也是有理的。中国人的这种行动，并没有破坏条约，而只是挫败了英国人的入侵。"

经过一昼夜激战，英法联军惨遭失败，损失舰艇多艘，死伤近五百人，英国

海军司令何伯受重伤，副司令伤重而死，其余侥幸活下来的都狼狈地逃出了大沽口。

战斗中，美国舰队帮助英法军作战和撤退。8月，美国公使华若翰伪装友好，由北塘进京，返回北塘时与直隶总督恒福互换《天津条约》批准书。在此之前，俄国代表已在北京换约。

（二）战争扩大：英法联军进逼北京

英法联军进攻大沽惨败的消息在1859年9月的时候传到欧洲，英国的伦敦与法国的巴黎一片哗然，叫嚷要对中国"实行大规模的报复"。法国虽在大沽的损失相当小，但他们的反应也是相当强烈。一个海军上尉说："长久以来，文明首次在我们所称的野蛮面前止步了。"为了法兰西国旗的荣誉，"远征中国应坚定不移"。就英国方面来看，反应十分激烈。伦敦《每日电讯》宣称，英国应"攻打中国沿海各地，占领京城，将皇帝逐出皇宫"，借以"教训中国人"，让英国人"成为中国人的主人"。《泰晤士报》说："英国要与法国一起，必要时甚至要单独行动，好好教训一下这些不讲信义的乌合之众；要使欧洲人的名字从此在他们整个领土上成为令人敬畏（如果不是令人喜欢的话）的通行无阻的保障。"英国的巴麦尊内阁从1859年9月16日起，八天之内开了四次内阁会议，最终确定向中国出兵。

1860年2月，英法经过讨价还价，组织了侵华联军。英方出

兵一万二千人，总司令格兰特，法方出兵七千人，总司令孟托班，两国政府分别再度任命额尔金和葛罗为全权代表，二百多艘舰船，再度开到中国，扩大侵华战争。

1860年3月，英法联军根据各自政府的训令，向中国发出了最后通牒，提出四项要求。一是为1859年的大沽口事件向英法道歉并归还被清方缴获的枪炮船只；二是有礼貌地接待英法公使进京换约并履行该条约；三是今后英国公使是否驻京由其自己决定；四是为大沽口事件向英法赔偿，数目的多少以上述三项条件履行的快慢来确定。对此，清政府一概拒绝。4月，英法联军占领舟山。五六月，英军占领大连湾，法军占领烟台，完成了对渤海湾的封锁，并以此作为进攻大沽口的前进基地。俄国公使伊格纳季耶夫和美国公使华若翰也于7月赶到渤海湾，再次以"调停人"的身份，配合英法行动。清政府在大沽口战役获胜后，幻想就此与英法两国罢兵言和。当英法军舰逼临大沽海口时，咸丰帝还谕示僧格林沁、恒福不可"仍存先战后和"之意，以免"兵连祸结，迄无了期""不可贪功挑衅""总须以抚局为要"，并派恒福与英法使者谈判。前敌统帅僧格林沁则以为敌军不善陆战，因而专守大沽，尽弃北塘防务，给敌人以可乘之机。伊格纳季耶夫为英法提供了北塘未设防的情报。

8月1日，英法联军军舰三十多艘，由俄国人带路，在北塘登陆，没有遇到任何

抵抗。8月12日，联军出兵八千余人，分两路攻打新河、军粮城，蒙古骑兵两千人分路迎战。不久，蒙古骑兵退守塘沽。14日，塘沽陷落。8月21日，英法联军水陆协同作战，进攻大沽口北岸炮台。守台清军在直隶提督乐善指挥下，英勇抗击，双方从早晨5时开战，到8时炮台失陷，千余名官兵集体殉国。联军损失也不少，英方死二十二名，伤一百七十九名；法军死四十名，伤一百七十名。10时半，大沽口北岸炮台全部失守。清政府本无抗战决心，咸丰帝命令僧格林沁离营撤退，清军于是逃离大沽，经天津退至通州（今北京通县），大沽失陷。由于白河两岸没有清军的截击，天津成为不设防的城市，侵略军得以长驱直入，占领天津。24日，在天津地方官"优以礼待"的迎候下，巴夏礼进入天津城内。随后，额尔金、葛罗和伊格纳季耶夫也相继到达天津。

清政府急派桂良等到天津议和。英法提出，除须全部接受《天津条约》外，还要增开天津为通商口岸，增加赔款以及各带兵千人进京换约。此时，咸丰帝认为：城下之盟本来就是自古以来十分可耻的事情了，如果再加上赔偿银钱，那中国难道真的是没有人了吗？不退兵而索要现银，这岂不是用刀架在脖子上来勒索吗？并且认为，西方国家拥兵换约，"心怀叵

测"，担心清政权随之被推翻，因而桂良等人对于英法提出的要求予以拒绝，谈判破裂。

之后，清政府再派怡亲王载垣、兵部尚书穆荫为钦差大臣，取代桂良，到通州议和，但双方争执不下。由于咸丰帝曾下过谕旨：必要时可将巴夏礼及随从等人"羁留"在通州，不要让其返回。因此，载垣等人当即告知僧格林沁将其截拿。于是连同巴夏礼在内，英方的26人和法方的13人，同时在张家湾被俘。载垣等人认为：巴夏礼"善能用兵，各夷均听其指使，现已就擒，该夷兵心必乱，乘此剿办，谅可必操胜算"。至此，通州谈判破裂。

9月18日，英法联军四千人向张家湾进攻，僧格林沁率兵抵抗，终以英法占领张家湾而告终。21日，清军与英法联军在八里桥展开激战，统帅僧格林沁等率先逃走，致使全军动摇，而遭败绩。22日，咸丰帝带领后妃和一批官员仓皇逃往热河（今河北承德），令其弟恭亲王奕䜣留守北京，负责和议。在英法联军进攻北京时，俄使伊格纳季耶夫又向英法提供了北京防卫的情况，并指出城防薄弱之处。10月13日，英法联军攻入安定门，控制北京城。

（三）圆明园万劫不复

英法侵略军从北塘登陆后，一路烧杀抢掠，野蛮地洗劫了天津和北京，并闯入北京西郊的圆明园，大肆抢劫，每个军官和士兵的口袋和背包都塞满了金银财

宝。

圆明园有"万园之园"的美誉，是在明代园林的基础上，历经康熙、雍正、乾隆、嘉庆、道光和咸丰等朝一百五十多年的不断增修扩建而成。园内本身融汇了东西方建筑艺术的精华，在世界园林史上占有突出的地位。在圆明园中藏有各种无价珍宝、稀世典籍和珍贵的历史文物。法国学者伯纳·布立赛将圆明园和法国来比较，他说，中国的圆明园等于法国的凡尔赛宫加上罗浮宫再加上国家图书馆。

人们常说，希腊有巴特农神庙，埃及有金字塔，罗马有斗兽场，巴黎有圣母院，而东方有圆明园。要是说，大家没有看见过它，但大家梦见过它。这是某种令人惊骇而不知名的杰作，在不可名状的晨曦中依稀可见。宛如在欧洲文明的地平线上瞥见的亚洲文明的剪影。法国作家雨果曾这样对圆明园大加赞美：

请您用大理石　汉白玉　青铜和瓷器建造一个梦

用雪松做屋架　披上绸缎缀满宝石

这儿盖神殿　那儿建后宫放上神像放上异兽

饰以琉璃饰以黄金施以脂粉

请诗人出身的建筑师建筑一千零一夜的一千零一个梦

添上一座座花园　一方方水　一眼眼喷泉

请您想象一个人类幻想中的仙境

其外貌是宫殿 是神庙

这样一个宏伟瑰丽的大园林和珍藏宝库，在英法强盗到来之后，一切都随之消失了。英法联军进入圆明园后，格兰特与孟托班放手让士兵们大肆抢劫。由于园内的珍宝不计其数，以至于一些人都不知道该拿什么好。甚至格兰特觉得有人抢得多，有人抢得少，有人没有机会去抢，这不公平，所以叫大家交公来进行拍卖，总计得十万英镑。拍卖后，大家分钱。三分之一给军官们，三分之二给士兵。而拍卖委员会给了他一件纪念品，就是皇帝洗手用的黄金水壶。孟托班把法军发现的一个金库里的金子平分出二分之一，连同一只宝石手杖送给格兰特，以此作为送给英国女王的礼物；另一半金子给他们的法国皇帝。在抢劫的同时，他们还把不能搬走的东西，都毁坏掉。为了掩盖罪行，1860年10月18日，英法侵略联军放火烧毁了这座融汇中外建筑艺术精

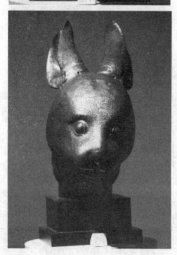

华、举世闻名的皇家园林，
曾经的美丽化为焦土。

雨果愤怒地谴责了这
一震惊世界的暴行："有
一天，两个强盗闯入了夏
宫（圆明园），一个动手抢
劫，一个把它付之一炬。
原来胜利就是一场掠夺。
胜利者窃走了夏宫的全部
财富。收藏在这个东方博
物馆里的，不仅有杰出的
艺术品，而且还保存有琳
琅满目的金银制品。即使把我国所有圣
母院的全部宝物加在一起，也不能同这
个规模宏大而富丽堂皇的东方博物馆
媲美。这两个强盗就是英吉利和法
兰西。"连当时在场的英国强盗戈
登，也不得不承认"我们就这样以最
野蛮的方式，摧毁了世界上最宝贵的财
富……你想象不到这座宫殿有多么华美

壮丽，更不能设想法军、英军把这个地方蹂躏成什么样子"。

（四）英法美《北京条约》的签订

英法联军在焚毁圆明园后，扬言要炮轰北京城，捣毁清皇宫。奉命谈判求和的奕䜣，请求沙俄公使从中斡旋。俄国公使伊格纳季耶夫提出解决中俄边界问题作为调节的先决条件，然后向奕䜣说，中国"在目前情况下进行抵抗是不可能的"，"必须同意联军的一切要求"，实际是要求清政府无条件投降。在侵略者武力逼迫下，清政府屈服了。

1860年10月24日、25日，奕䜣分别与额尔金、葛罗交换了《天津条约》批准

书，同英法分别签订了
屈辱的《北京条约》，
美国也根据"一体均
沾"的条款分享各项
特权。在中英《北京条
约》中主要规定：一是
《天津条约》继续有
效；二是增开天津为商
埠；三是中国对大沽口
事件表示"惋惜"；四
是赔款数额由《天津
条约》规定的四百万
两增加为八百万两；
五是英国公使如何驻
京、是否驻京，以后由
英国自行决定；六是割
让九龙司归于英属香
港界内；七是中国皇
帝要颁布谕旨给各省
督抚大员，将《天津条

约》及《北京条约》刊发各地，让大家都知道。在上述条款都实现后，英国从北京和舟山撤兵。

在中法《北京条约》中同样规定，《天津条约》继续有效，并即日起施行；而大清皇帝对上年大沽事件表示"悔惜"。同时，在条约中规定中国退还以前没收的天主教堂和教产，法方还擅自在中文约本上增加"并任法国传教士在各省租买田地，建造自便"；而赔偿数额则由《天津条约》时的两百万两增加为八百万两。

此外，在《北京条约》中还规定，准许英、法招募华工出国，恤金英国50万

两，法国20万两。至此，第二次鸦片战争结束了。

（五）俄国再次渔利

1860年11月，中英、中法《北京条约》签订后，英法联军开始撤离北京。俄国驻中国公使伊格纳季耶夫以"调停有功"为借口，提出了新的领土要求，向清政府提交了一份新的条约草案和俄国单方面绘制的东部边界地图，逼迫清政府"一字不能更易"地答应下来。扬言如果不答应，"兵端不难屡兴"。11月14日，奕䜣被迫在中俄《北京条约》上签字。条约将乌苏里江以东包括库页岛在内的四十万平方

公里的土地划归俄国，增开喀什噶尔为商埠，并在喀什噶尔、库伦设领事馆。同时，俄国还将由其提出的中俄西部边界走向强加给中国，即：把中国境内的湖泊河山，作为划界的标志，这为进一步掠夺中国西部领土制造了条约根据。

在第二次鸦片战争结束后，沙俄于1864年又通过武力威胁和外交讹诈，强迫清政府订立《勘分西北界约记》，割占中国西北巴尔喀什湖以东以南四十四万平方公里的土地。到1881年，又通过《中俄改订条约》及以后的几个勘界议定书，割占中国西部七万平方公里的土地。

通过军事侵略和讹诈，沙俄共割占中国领土一百五十多万平方公里，其面积相当于三个法国，六个英国，成为历史上侵占中国领土最多的国家。这在国际关系史上是一次骇人听闻的无耻掠夺。这也使得中国的领土完整遭到进一步破坏，对以后中国历史发展带来不可估量的严重影响。

六、战争的影响

英法联军在俄美支持下所发动的这场战争，是第一次鸦片战争的继续和扩大。它爆发的根本原因和目的与第一次鸦片战争一脉相承，都是为了打开中国市场，变中国为英国等国的商品市场和原料产地，是侵略性的非正义的殖民掠夺战争。第二次鸦片战争后签订的不平等条约，巩固了第一次鸦片战争后签订的第一套条约，从而构成了一部坚固的条约体

系，使中国半殖民地化加深。但同时，在社会思想领域也开始发生了一定的变化。所有这些都成为第二次鸦片战争给中国社会带来的深远影响。

（一）中国社会半殖民地化加深

1.在主权进一步丧失中外国势力深入中国内陆

随着第二次鸦片战争中一大批不平等条约的签订，中国丧失了更多的领土和主权；在战争结束后，外国侵略势力由东南沿海深入内陆，便利了列强倾销商品与掠夺原料。

　　第二次鸦片战争的结果不但使我国北方一百五十多万平方公里的大片领土被沙俄以趁火打劫、强取豪夺的方式占领，而且我国还丧失了更多的主权。一方面，随着外国军舰和商船可以在长江各口岸自由航行，中国的内河航运权开始丧失，这也极大便利了外国商品向中国内地倾销。另一方面，更为重要的是具有浓厚侵略性的更多通商口岸的开放，给中国带来严重威胁。

　　与第一次鸦片战争后签订的条约相比较可以看到，在第二次鸦片战争后签订的条约中，开放的通商口岸呈现出多、广、深的特征。多是指通商口岸多达十个，广是指口岸从东南沿海扩展到整个沿海；而深则是指南京、汉口的开放，使侵略势力深入到长江中游、中国腹地。尤其是作为北京的门户天津被增开为通商口岸，使

侵略势力渗透到统治中心附近,严重威
胁着北京的安全,使天津成为外国侵略者
在北方侵略的主要活动基地。必须看到,
近代中国的开放与现代中国的开放是完
全不同的,它实质上是西方列强对中国的
侵略,是在主权遭受严重破坏的前提下,
在西方列强的控制下进行的;而现代中国
的开放是中国为发展社会主义经济主动
采取的重大决策,是在中国主权独立的
基础上进行的,坚持平等互利的原则,积
极利用外资,引进先进技术。因此,近代
中国开放口岸的增多标志着资本主义列

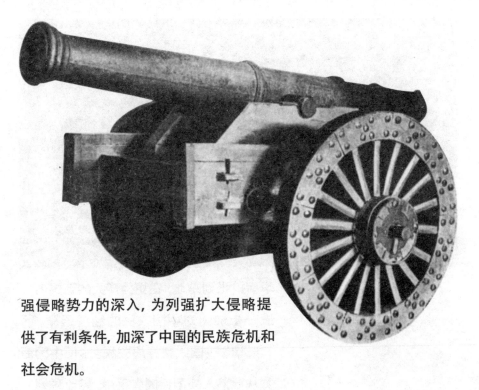

强侵略势力的深入，为列强扩大侵略提

供了有利条件，加深了中国的民族危机和

社会危机。

　　此外，在第二次鸦片战争之后，列强

从更广、更深的范围进一步打开了中国市

场，便于他们的经济侵略，更使中国传统

经济难以抵挡资本主义经济的冲击，中国

经济逐步被纳入资本主义的世界体系中，

从而加深了中国经济的半殖民地半封建

化。其中，随着通商口岸的多处开放，使

外国经济侵略势力从沿海扩张到长江，从

华南扩张到东北，在更为广大的范围内，进一步加强对中国人民的经济压榨。而"邀请"英国人帮办海关税务，使中国海关从此落入外国侵略者手中。修改税则，减轻商船吨税，外国人可入内地游历、通商，特别是承认鸦片贸易合法化，使中国旧有的自给自足的自然经济，在更广阔的范围和更深刻的程度上遭受到巨大的破坏。

2.在资本主义列强加强影响和控制中清朝政局发生变化

第二次鸦片战争结束后，中外反动势

力很快握手言欢。此次战争是在太平天国已在中国南方建立了和清政府对峙的强大农民政权的形势下发生的，通过战争攫取大量中国特权的外国侵略者逐渐认识到：坚持独立自主的太平天国政权是绝不会承认这些不平等条约的，要巩固和扩大在华的侵略特权，必须扶植像清政府这样软弱无能的政权，作为他们实行殖民统治的工具。清朝统治者从两次挨打的经历中发现：外国列强要的是在中国的特权，并不反对他们当皇帝，洋人是可以做朋友的；而且要对抗太平天国运动，必须借助"洋人"的帮助，因而第二次鸦片战争刚一结束，中外反动势力立即勾结起来。

《北京条约》刚一签字，英法等国立即撕下"中立"的伪装，以政府的名义，公开支持清朝统治者。英、法、俄等公使表示，只要清政府认真"履行条约"，

就可以得到"任何援助"。法国公使葛罗明确表示，要在各海口"帮助中国剿贼，所有该国停泊各口船只兵丁，悉听调遣"。俄国公使伊格纳季耶夫也面告奕䜣："请令中国官军于陆路统重兵进剿，该国拨兵三四百名在水路会击，必可得手。"1862年1月，清政府确定了"借师助剿"的方针，从此中外反动势力勾结在一起，共同镇压中国人民的革命斗争。

第二次鸦片战争中，恭亲王奕䜣因办理对外交涉，形成了以他为首的亲外势

力。1861年8月，咸丰帝在热河病死，他的六岁儿子载淳即位，朝廷大权操纵在肃顺等顾命大臣手中。咸丰帝的遗孀慈禧太后与奕䜣勾结，于1861年11月2日发动了宫廷政变，将顾命大臣载垣、端华和肃顺处死，另外五大臣或充军或革职，史称"辛酉政变"。政变后，慈禧太后让小皇帝登基，年号同治，以奕䜣为议政王大臣，慈禧太后控制了清王朝的最高权力。辛酉政变之后，清朝廷的中央机构开始半殖民化。1861年，奕䜣奏请设立总理各国事

务衙门，负责办理外交和洋务，派出驻各国的公使，并经管通商、海防、关税、路矿、军工、译文、派遣留学生等项事务。而清朝的海关总税务司一职开始由外国人担任。1859年英人李泰国为总税务司。李泰国回国后，1863年起，英国人赫德继任海关总税务司，直至1909年，长达46年。

第二次鸦片战争后，列强对于清政府的控制随着外国公使的驻京而不断加强。近代中国的外国公使进驻北京，它与那种主权独立国家之间互派公使驻在对方首都的国际惯例并不相同，它并不是在平等基础上进行两国的交流，而是外国侵略者意图以此伸展其政治势力借以操纵清朝中央政权,以干涉中国的内政和外交,并进而控制全中国的重要手段。《北京条约》签订后,外国公使纷纷进驻北京,开始通过各种途径控制清朝廷。1867年,美国公使蒲安臣离职回国,奕䜣请蒲安臣代表清朝廷出使外国,先后到美、英、法、德、俄等国,呈递国书,办理交涉。在美国,蒲安臣以清朝钦差大臣身份与美国国务卿西华德订立《中

美续增条约》8条，规定美国人有贩卖华工自由、传教自由等条款，为美国进一步侵华铺平了道路。

总之，自1860年开始，随着中华文明古国被西方打败并羞辱，欧美国家一步一步地从广州向北推进至上海，再到北京，而陆上国家俄国则从西伯利亚——满洲边界向南推进到北京。西方国家通过建立条约口岸和扩展商务，争夺贸易利益和经济特权，俄国人则既强调贸易收益也强调取得领土。从南北而来的这两股推进势力，越来越紧地钳制住江河日下的清

王朝。

（二）中国社会思想领域的变化

1.统治阶层的分化

第二次鸦片战争中使"天朝上国"的颜面受到严重损害，而这对清朝统治者的心理无疑会形成巨大打击，也促使一部分官绅认识到了中国的新变局，促使统治阶层由此发生分化。

在战争期间，咸丰皇帝对于公使进京、内江通商、内地游历和归还广东省曾

一再力争，强调"进京一节，万不能允，内江通商，必须消弭；其余两事，亦当设法妥办"。这些虽是关系到主权问题，但对于咸丰皇帝而言，其意则在保全华夷之间的藩篱和沟壑，尤其是避免中国君主与西方人的直面相对，害怕这会扫尽天朝的礼文和成宪，因此宁肯舍弃关税之利。但是，持续4年之久的第二次鸦片战争，虽发端于广东一隅而最终进入华北，把沉重的震撼带到了中国社会的中枢，不仅皇朝国都北京一时成为"夷狄"的世界，甚至是至尊无上的皇帝咸丰本人也不得不仓皇逃离北京，"车驾北狩"；皇家园林圆明园更是在列强的纵火焚烧中化为灰烬。咸丰皇帝所极力避免的事项, 最终全部变成事实, 其避免中国君主与西方人直面相对的一厢情愿, 被西方人用大炮轰得粉碎。这使清朝统治者不能不意识到, 旧秩序已经完全颠倒过来。在经历了英法联军之役后, 士大夫们痛苦地将之称为"庚申之变", 表明国人在朦胧中已经体会到有一种虽然不受欢迎但又无法拒绝的变化正在发生。

对于近代中国的这种变化, 地主阶级中的一部分人有所感知, 开始主张"师夷长技", 自强求富, 兴起了旨在推动王朝中兴的洋务运动。在第二次鸦片战争期间, 居中央枢要之职的奕䜣、文祥、桂良为了谈判而同侵略者来往; 在第二次鸦片战争结束之后,

握有军政重权的曾国藩、左宗棠、李鸿章则在镇压太平天国的过程中与溯江而上的西方人相遇。他们是那时候地主阶级当权派中最早同资本主义打交道的人。在此过程中，他们逐渐从对手的身上感触到另外一个世界，获得了中国传统历史经验所没有的新知识，思想因而发生变化。他们与恪守传统的顽固派之间出现了区别和分歧。于是产生了中国最早的洋务派。就洋务派的主观动机而言，他们未必有心打破旧轨，但他们的主张却历史性地包含着逸出旧轨的趋向，他们的改革主张同中国两千年历史上的地主阶级改革派已经不能相提并论了。因此，洋务派的产生，意味着封建统治阶层开始发生前所未有的裂痕，几千年来的封建地主阶级开始发生分化。

2.革新思潮的萌生

随着第二次鸦片战争后通商口岸的增开，西方资本主义势力进入长江流域和华北，伴随而来的是某些腐旧而且僵固的封建传统观念被迫发生变化，引发了革新思潮。

一方面，改变了从孔子以来，在中国已有几千年历史的、把华夏以外一切外族的人和事称作"夷"的做法。长久以来，国人熟悉而且惯用的"夷"这个称呼在近代中西之间画上了一道深深的礼仪、文化和心里不平等的沟壑。英国人早在19世纪30年代就明白了"夷"字的含义，并敏感地表现出强烈的不满。但他们的抗议和诘问并没有得到理会，直至鸦片战争后的十几年间，公文用语和民间指称中

常可见到夷人、夷船、夷语等词汇。而到第二次鸦片战争之后，在《天津条约》中对此开始做出限制："嗣后各式公文，无论京外，内叙英国官民，自不得踢书'夷'字。"这是"洋"与"夷"替代的交接点。这一

替代反映了中国传统观念的重大变化。这种变化虽然是被迫的结果，但却包含着合理的成分。因为它意味着从华"夷"秩序走向世界民族之林的一步。从夷务到洋务再到后来的外交事务，记录了中西

交往刺激下中国人世界观发展的脉络。

另一方面，第二次鸦片战争期间和战争之后，出现了一些反映初步革新思想的议论和著作。其中，洪仁玕的《资政新篇》是资本主义革新纲领，其内容实际上在许多地方开创早期改良派的先声。冯桂芬的《校邠庐抗议》反映了正在分化中的地主阶级对西方思想的吸取。洋务运动中的举措虽可罗列很多，其要者则不出冯桂芬所论。郑观应的《救时揭要》在当时的新议论中较多地表现了对经济的关注和见解的内行，其中的很多主张都早于实际的历史进程很多年。容闳的思想则更为西化，提出了改良政府、军队，改变教育体制，举办洋务等建议，并借助于湘军主帅曾国藩，把一部分议论转化为现实。这些都是1860年前后出现在中国的反映时代脉搏跳动的改革思想。因此，如果说，1840年是具有划时代意义的，而就社会观念的更新来说，1860年具有更加明显的标界意义。